푸블리우스는 어떻게 되었을까? 네로의 박해 속에서 그의 운명은? 전편 독자들의 오랜 궁금증에 저자는 또다시 우리를 1세기 현장으로 초대한다. 첫 3세기 동안 기독교가 급속히 성장한 이유는 무엇일까? 초대 기독교의 선교는 어떤 방식이었을까? 일상 속에서 복음을 살아내며 전하는 로마 시민이자 하나님 나라 시민인 푸블리우스의 이야기를 통해 우리는 21세기 도시 상황 속에서 어떻게 선교적 삶을 살 수 있는지에 대해 놀라운 통찰을 얻는다. 정치, 사회, 문화, 교육, 오락 등…삶의 모든 영역에서 진짜 삶을 살아낸 사람들의 통합된 삶은 선교의 밑거름이었다. 이 시리즈를 읽지 않은 사람은 있지만, 첫 책만 읽고 나머지를 읽지 않는 사람은 없을 것이다. 뱅크스가 다음 책도 써 주면 고맙겠다.

김형국 나들목지원센터 대표, 하나복DNA네트워크 대표

뱅크스의 탁월한 상상력으로 빚은 1세기 그리스도인 푸블리우스는 어느덧 친근한 이웃이 되었다. 『1세기 교회 예배 이야기』와 『1세기 그리스도인의 하루 이야기』에 이어 로마 제국의 그늘 아래서 신자들이 어떻게 온전한 선교적 삶을 살 수 있는지 읽을 수 있었다. 참된 그리스도인에겐 신앙과 일상의 분리란 있을 수 없음을 강조한 그는 이제 모든 일상에서 '하나님의 선교'가 이루어질 수 있다고 말한다. 일과 사회생활, 시민 활동, 가정생활, 여가 활동, 정치 참여 등 모든 삶 속에 하나님의 현존과 인도를 자각하는 그리스도인은 일상에서 예수님의 선교에 동참할 수 있음을 밝힌다. 신념과 행동, 소속의 변화가 있을 때 비로소 진정한 변화가 가능하다. 일상에서 선교적 삶을 갈망하는 이 땅의 수많은 '푸블리우스'에게 일독을 권한다.

이태형 기록문화연구소장, 전 국민일보기독교연구소장

기독교를 혐오하는 시대에는 어떻게 복음을 전해야 할까? 흔히들 한국 교회는 초대교회로 돌아가야 한다는 구호를 많이 외치지만, 정작 초대교회로 돌아가는 삶이 구체적으로 무엇인지에 대해서는 분명하지 않을 때가 많다. 저자는 이 책을 통해 신앙의 본질이 무엇이며, 복음을 따라 사는 삶이 구체적으로 무엇인지에 대한 하나의 모델을 제시한다. "앞으로 어떤 삶을 살고 싶습니까?"라고 묻는다면 나는 주저 없이 이 책의 주인공 "푸블리우스처럼 살고 싶다"고 말하고 싶다. 첩첩산중에서 길을 잃고 헤맬 때 어디로 가야 할지 알려 주는 나침반을 얻은 기분이다. 가슴이 뜨거워진다. 이제 남은 과제는 그 길을 따라 걸어가는 것이다.

고상섭 그사랑교회 담임목사

1세기 그리스도인의 선교 이야기

IVP(InterVarsity Press)는
캠퍼스와 세상 속의 하나님 나라 운동을 지향하는
IVF(InterVarsity Christian Fellowship)의 출판부로
생각하는 그리스도인을 위한 문서 운동을 실천합니다.

***Stepping Out In Mission Under Caesar's Shadow:
A Progress Report***
Copyright © 2020 by Robert Banks
Used and translated by the permission of Robert Banks
All rights reserved.

Korean Edition © 2020 by Korea InterVarsity Press
156-10 Donggyo-ro, Mapo-gu, Seoul 04031, Korea

1세기 그리스도인의 선교 이야기
로마 제국 어느 회심자의 선교적 일상

로버트 뱅크스 | 신현기 옮김

Ivp

차례

한국어판 서문　　9

새로운 정상　　11
개인적 근황　　15
사업 이야기　　16
오스티아 여행　　24
예기치 않은 마르켈루스의 회심　　28
시민의 책임　　34
다른 사람들과 더불어 사는 삶　　43
여가 활동　　55
루디 로마니　　58
정치 참여　　65

주　　82
역자 후기　　84

한국어판 서문

『1세기 교회 예배 이야기』에 이어 『1세기 그리스도인의 하루 이야기』에 대해서도 독자들이 좋은 반응을 보여 주어 기쁘고 감사했다. 2탄이 나오자마자 한국 IVP로부터 "1세기 그리스도인 시리즈" 3탄을 내자는 제의가 있었고, 나 역시 『1세기 그리스도인의 선교 이야기』를 구상하고 있던 터라 기쁘게 수락했다.

2020년은 지구촌 어디나 예외 없이 어려운 한 해였다. 우리는 모두 코비드 19의 '그늘' 아래 살면서 그 도전과 불확실성에 맞닥뜨리지 않을 수 없었다. 초기 그리스도인들과 그들의 동포는 때때로 전염병의 위협에 직면했을 뿐 아니라, 반대자들로부터 보복당할 위험에 노출되어 있었다. 그러나 그들은 그런 와중에도 복음의 진보를 위해 끊임없이 애썼다.

이 책을 위해 멋진 판화 작업을 해준 강연경 작가와 시리즈를 완료하기까지 전 출판 과정에 함께해 준 신현기 형제에게 고마운 마음을 전한다. 또한 작가인 아내 린다에게도 고맙다는 말을 전하고 싶다. 아내는 이 책의 주제를 분명히 하고 원고를 다듬는 데 많은 도움을 주었다.

여러분이 이 이야기를 재미있게 읽으면서 몇몇 성경 본문을 새로운 시각으로 이해함은 물론, 매일의 삶과 일 속에서 하나님의 더 큰 능력을 분별하게 되기를 바란다.

2020년 11월

캔버라에서

로버트 뱅크스

새로운 정상

나 푸블리우스를 잊지 않았으리라 믿는다. 내 생애에서 일어난 예기치 않은 변화에 대해 글을 쓴 게 이번으로 세 번째다. 첫 번째 글에서는 로마에서 어느 신흥종교 모임에 참석했던 나의 기이한 경험에 대해 썼다. 그로부터 몇 년 후, 내가 이 집단의 신조를 받아들인 일과 그로 말미암아 내 가정과 사업과 사회생활에 나타나기 시작한 큰 변화에 대해 설명했다. 지금 또 이렇게 펜을 든 이유는 내 삶이 송두리째 바뀌기 일보직전이기 때문이다. 여러분이 궁금해할 그러한 변화에 대해 나누려면 현재 벌어지는 일들에 대해 경과보고를 하는 게 최선일 것이다.

솔직히 이런 변화가 쉽지 않았음을 밝히고 싶다. 우리 로마인들은 새것보다는 옛것, 변화보다는 전통, 불안정보다는 안정을 더 가치 있게 여기도록 양육받아 왔다. 매사를 변함없이 똑같이 유지하고 모두가 전체 흐름에 군말 없이 따르는 게 우리에게는 중요하다. 이는 여러 그리스 사람들의 태도와는 사뭇 다르다. 우리의 형제 바울 역시 아테네에서 동일한 사실을 간파했다. 그리스인들은 "무엇이나 새로운 것을 말하고 듣는 일로만 세월을 보내는 사람들이었다."¹ 개인 차원에서 우리는 흔들리지 않는 편을 선호한다. 필요한 경우에도 정상적인 것에서 갑자기 태도를 바꾸기보다는 체면만큼은 유지한다.

지난번 편지가 워낙 급박하게 마무리되었음을 깨달았다. 유니아와 내가 로마 대화재 후에 황궁 친위대에게 체포된 사실을 기억할 것이다. 이 화재를 그리스도인 탓으로 돌리려는 네로 황제의 시도는 충격적이고 기만적인 권력 행사였다. 우리 가운데 많은 사람들이 극도로 끔찍한 고문과 처형을 겪었다. 불로 지지는 고문을 당한 이들도 있었고, 짐승에게 던져진 이들도 있었고, 심지어 자신의 주님처럼 십자가 처형을 당한 이들도 있었다. 체포될까 두려운 나머지 몇 주 동안 안전한 곳에 틀어박혀 숨죽이며 지내는 이들도 있었다. 우리 역시 구금된 상태였지만, 그 도시의 한 유력 인사가 나서서 우리의 평판이 좋다고 보증해 준 덕에 가까스로 그런 화는 면할 수 있었다.

화재 이후 몇 년 동안, 우리 도시의 사회 정치적 형편은 지속적으로 퇴락했다. 이 때문에 로마의 정치적 영향력을 키우고 문화생활을 진보시킨 네로의 명성은 눈에

띄게 추락했다. (그나마 네로가 인정받은 건 자기 어머니 아그리피나의 영향 덕이었는데, 그가 어머니를 살해한 후로는 상황이 달라지지 않을 수 없었다.) 게다가 그는 시인과 음악가는 물론 마차꾼의 모습으로까지 자신을 꾸미고 나타남으로써 카이사르 직의 위엄을 스스로 깎아내렸다. (카이사르는 황제 지위를 소유한 첫 번째 인물 율리우스의 성이었기 때문에 황제를 일컫는 또 다른 단어로 통용되었다.) 네로는 인기몰이식 통치 스타일로 대중의 인정을 받았으나, 화폐 성분을 조작하여 그 가치를 떨어뜨림으로써 상인들의 이익을 저버렸으며, 자신의 공공 건축 프로그램에 드는 재정을 충당하기 위해 증세 조치를 취함으로써 엘리트 집단의 불만을 샀다. 그가 자신의 궁궐을 더 호사스럽고 인상적으로 꾸미고, 궁정 내 측근들의 쿠데타로부터 자신을 보호하는 데 집착하느라 우리와 같은 새로운 종교 집단에 추가 공격을 가하지 않은 건 그나마 다행이었다. 그러나 우리가 또 다른 재난의 희생양이 될 가능성이 상존했고, **이는 곧 두 번째 박해의 파도가 밀려든다는 예고일 것이다.** 우리에게는 이러한 상황이 곧 '새로운 정상'이다.

개인적 근황

먼저 개인적 이야기부터 나누기로 한다. 우리의 두 자녀 누기오와 쿠미아는 이제 막 성년이 되기 직전이다. 누기오는 계속 개인 교사에게 보내는데, 이제 쿠미아도 거기서 누기오와 합류한다. 가정 기반의 작은 학교에서 쿠미아는 유일한 여학생이다. 아내 유니아는 자신의 종 파우스타와 그 가정에 자유를 줄 때가 되었다고 느꼈다. 그래서 우리는 이 일을 실행했는데, 기쁘게도 파우스타와 그의 남편 암비오가 새로운 신분을 유지한 채 우리와 함께 지내고 싶어 했다. 우리는 그들을 늘 우리 가족의 일부로 여겨 왔지만, 이제 우리의 관계는 한결 깊어졌다. 그동안 유니아는 업무상 출장 중인 남편을 둔 부인들을 돌보고 돕는 일을 계속 발전시켜 왔다. 그들의 남편은 공무원이나 군인이나 사업가로 일한다. 네로의 부당한 환율 조작으로 야기된 불확실성에도 불구하고, 내가 운영하는 작은 은행업은 확장되어 왔다. 사업 이야기에 대하여는 잠시 후에 더 나눌 것이다. 이런 와중에 우리는 브리스길라와 아굴라의 집에서 매주 모이는 작은 교회와 긴밀한 관계를 유지하고 있다.

이제 내 삶에서 일어나고 있는 변화에 대해 조금 말하고자 한다. 지금까지 나는 한 분이신 하나님이자 구원자이신 분을 향한 나의 헌신이 내 삶에 영향을 미치도록 내 삶의 모든 부분을 열어 두려고 노력해 왔다. 그리고 이를 통해 나의 삶은 형성되어 가고 있다. 가정은 물론 일터에서도, 사회 활동과 여가 활동에서도, 시민으로서의 그리고 정치적 관심사에서도 그렇다. 이 모든 면에서 어느 정도 변화를 겪어 왔지만, 하나님께서는 지금 내 말과 행동을 통하여 당신의 메시지를 전파할 방법에 대해 좀더 의도적으로 접근할 필요가 있음을 보여 주신다.

> 나의 헌신이 내 삶에 영향을 미치도록 삶의 모든 부분을 열어 두려고 노력해 왔다

사업 이야기

내가 초점을 맞추고 싶은 첫 번째 삶의 영역은 내가 **매일 하는 일**이다. 여러분도 알다시피, 나는 은행가다. 로마에는 은행업과 관련된 세 가지 유형의 사람이 있다. 첫 번째 유형은 기아나 전쟁이 일어났을 때 빚에 빠진 사람들

을 책임지는 자들로 국가에서 임명받는다. 그들은 위기가 끝날 때까지 일시적으로 채권자에게 재산을 이전하는 일과 담보를 제공할 수 있는 사람들에게 복지 혜택을 제공하는 일을 관리 감독한다. 두 번째 유형 또한 임명직으로 동전 주조 과정과 품질을 검수하고 환율을 감독한다. 내가 속한 세 번째 유형은 제한된 회원제 방식의 동업조합인 길드를 설립하여 운영해 온 사설 은행가들이다. 우리는 돈을 맡고 빌려주며, 사업 거래 과정을 처리하고, 공매를 취급한다. 우리 가운데는 부유한 가정과 연결되어 주로 귀족들의 업무를 다루는 사람들이 있는데, 일부는 가급적 많은 수익을 올리려고 상당히 높은 율을 부과하기도 한다. 그런가 하면 나처럼 공신력 있는 번듯한 사업체를 운영하려는 비교적 부유한 사람들도 있다. 우리는 우리의 행위가 법정에서 다툼의 대상이 될 경우에 대비하여 고객과 날짜와 거래 내역을 잘 기록해 두어야 한다.

> 날마다 내가 하는 일을 통하여 내 신앙의 핵심 가치를 적용하며 살려고 노력한다

나는 날마다 내가 하는 일 속에서 그리고 그 일을 통하여 내 신앙의 핵심 가치를 적용하며 살려고 노력한다. 만일 내가 이렇게 하지 않는다면, 나는 각기 다른 두 사람으로, 곧 사생활을 하는 사람과 직업 생활을 하는 사

람으로 나뉜 채 사는 셈이다. 일관성이나 한결같음이 내게는 중요하다. 지금까지 나는 금융 거래를 정직하게 처리함으로써, 또 나와 거래하는 사람들에 대해 진심어린 관심을 보임으로써 그렇게 하고 있다고 느꼈다. 그러나 요즘 내게 더 분명하게 다가오는 것이 있다. 하나님께서 내가 거기서 머물지 말고 더 나아갈 필요가 있다고 요구하신다는 사실이다. 하나님께서 내게 해 주신 것처럼 말이다. 은행업에는 단순히 돈에 대한 신용과 고객에 대한 공감 그 이상의 것이 더 있음을 깨달아 가는 중이다.

이러한 변화가 내게 의미하는 바를 실행하기까지는 얼마간의 시간이 걸렸다. 지금 내가 몸소 실천하려는 몇 가지 사항을 예로 들어 보겠다. 어제 고객 가운데 한 분인 페르시스가 내게 대출금 상환 만기일을 지킬 수 없으리라고 말했다. 통상적 비즈니스라면 연체료를 부과하거나 대출 연장에 대한 이자를 올렸을 것이다. 그러나 그가 가정에 위기를 맞은 사실을 알았으므로, 그에게 추가 이자 없이 대출 상환 기간을 연장해 주기로 결정했다. 비즈니스 동료 가운데 하나는 나의 이러한 일처리를 미친 짓으로 여겼다. 그러나 나는 하나님으로부터 두 번째 기회를

> 동료 가운데 하나는 나의 이러한 일처리를 미친 짓으로 여겼다

얻는다는 게 어떤 건지를 알았고, 어떻게든 이를 실천해야 한다고 느꼈다. 분명한 것은, 페르시스가 계속 상환을 이행하지 않을 경우, 내 사업을 위험에 빠뜨리지 않는 한 계속 이런 식으로 도움을 줄 수는 없으리라는 점이다.

다른 사례를 하나 더 들어 보겠다. 데키무스는 최근 노예에서 방면된 자유인이다. 그는 가까스로 소액의 돈을 마련하기는 했지만, 시장 근처에 있는 가판 공간을 임차하기에는 충분치 못했다. 그는 여러 달 동안 다른 은행가로부터 대출받는 데 실패한 끝에 자기 주인의 추천으로 나를 찾아왔다. 은행가 둘은 데키무스의 지위가 비천하다는 이유로 그를 만나기조차 거부했다. 데키무스가 하찮은 소액 대출을 신청했기 때문에, 자신의 '비싼' 시간 가운데 고작 일이 분밖에 낼 수 없다는 은행가도 있었다. 그리고 이 거래에서 얻을 이익이 거의 없음을 깨닫기가 무섭게 '대출 불가'라고 말했다. 네 번째 은행가는 대출에는 동의했지만, 아무 근거도 없이 터무니없이 높은 이율을 적용했다. 나의 하나님에 대해 깨달은 중요한 것들 가운데 하나는, 하나님께서는 모든 사람을 똑같이 대우하신다는 점이다. 사회적 지위나 돈을 얼마만큼 소유했는지는 전혀 중요하지 않다. 내가 나의 도움을 구하는 모든 사람을 환영하고, 그가 어떤 사람이든 또 그의 은행 잔고가 얼마든 모두에게 똑같은 시간과 관심을 기울이기로 결심한 건 바로 그 때문이다.

> 하나님께서는 모든 사람을 똑같이 대우하신다

또 하나의 가능성인 파산에 대해 언급해 보겠다. 파산은 예측 불가한 경제에서 아주 흔히 발생한다. 파산에 대한 우리의 법률은 과거보다는 공정하지만 여전히 매우 가혹하다. 누구든 파산 상태에 있는 사람이라면 일을 해

준 사람과 채권자에게 할 수 있는 한 최선을 다해 갚아야 한다는 건 당연하다. 그러나 돈을 갚는 과정에서 채무자를 비참하게 하는 일이 너무도 자주 발생한다. 우리 사회에서 채무자는 계속 실패자로 취급된다. 그들의 실패가 과도한 투기나 탐욕보다는 불운이나 전문성 부족 탓이라면, 그들은 긍휼히 여김을 받아야 마땅하다. 그들에게는 잘못을 만회할 수 있도록 도움이 제공되어야 한다. 그들의 명예는 물론 재정 상태를 회복할 수 있는 방법도 제공되어야 한다. 이렇게 한다고 내게 실질적 보상이 주어지지는 않겠지만, 이는 "누가 너더러 억지로 오 리를 가자고 하거든, 십 리를 같이 가 주어라"라는 예수님의 분명한 권고에 담긴 정신을 존중하는 것이다.[2]

나의 일에 이러한 기준을 적용한다는 사실을 소개함으로써 내가 경쟁자들과 다르게 행동하는 **이유**에 대해 허심탄회하게 대화할 수 있을 것이다. 뿐만 아니라 이를 통해 이런 발상이 **어디서** 왔는지 그들과 토론할 수 있을 것이다. 이것이 내가 들어서고 있는 새로운 단계의 일부다. 이를 통해 우리의 선생 바울이 우리에게 권고한 사항을 성취하게 될 것이다. "외부 사람들에게는 지혜롭게 대

> 경쟁자들과 다르게 행동하는 이유에 대해 허심탄회하게 대화할 수 있다

하고, 기회를 선용하십시오. 여러분의 말은 소금으로 맛을 내어 언제나 은혜가 넘쳐야 합니다. 여러분은 각 사람에게 어떻게 대답해야 마땅한지를 알아야 합니다."[3]

지금까지 나는 은행 업무를 주로 집에서 수행해 왔다. 그러나 이제는 다른 많은 사설 은행가들처럼 광장을 따라 늘어선 주랑 현관 가운데 하나에 점포를 여는 것에 대해 고려하고 있다. 지금은 대략 비용을 충당할 정도의 상태인데, 사람들로 붐비는 공공장소를 확보함으로써 다양한 사람들과의 접촉이 늘어나게 될 것이다. 내 친구이자 사업 동반자인 니카노르가 이 일을 주로 책임지겠지만, 나 역시 어느 정도 시간을 들일 수 있을 것이다. 우리는 방문자들과의 대화를 촉진할 방편으로 그 공간에 의자 몇 개를 두면 좋겠다는 생각이 들었다. 아울러 사람들의 관심을 유발하기 위해 돈 관리에 대한 몇몇 인용문을 벽에 붙여 둘 생각도 들었다. 여러 유명한 철학자들의 글에서 따올 수 있을 것이다. 키케로("검소함에는 다른 모든 덕이 포함된다")와 세네카("가난한 사람이란 너무 조금 갈망하는 사람이 아니라 너무 많이 갈망하는 사람이다")와 에픽테투스("부란 많이 소유하는 것이 아니라 적게 원하는 데 있다")

와 같은 철학자들 말이다. 또한 잠언("많은 재산보다는 명예를 택하는 것이 낫고, 은이나 금보다는 은총을 택하는 것이 낫다"[4])이나 예수님의 말씀("너의 보물이 있는 곳에, 너의 마음도 있을 것이다"[5])과 같이 우리 자신의 '거룩한 글'에서도 따올 수 있을 것이다.

나는 유니아와 일에 관련된 이 모든 문제들을 나누었고, 아내는 그 모든 것에 대해 일일이 격려해 주었다. 우리는 서로의 일에 실제로 관심을 갖고 있으며, 무슨 일이 일어나고 있는지 혹은 어떤 어려움에 봉착한 건 아닌지에 대해 정기적으로 나눈다. 몇 주 전 하루는 저녁때가 지나자 유니아가 나를 지그시 바라보며 조용히 말했다.

> **아내는 그 모든 것에 대해 일일이 격려해 주었다**

"푸블리우스, 요 몇 달 동안 당신에게 어떤 변화가 있는 것처럼 보여요."

내가 놀라며 말했다. "그래요?"

"그래요!"

"어떤 식으로 보인다는 거죠?" 내가 물었다.

"지금까지 당신은 언제나 정직하고 원칙에 충실한 방식으로 일하려고 애써 왔는데, 요즘은 꼭 무슨 미션을 수행중인 사람 같아요!"

오스티아 여행

나는 사업은 물론 다른 책임들을 수행하느라 가끔 **비즈니스 여행**을 하게 된다. 몇몇 지역에서 사람들과의 관계를 발전시켜 왔고, 일 년에 여러 차례 그 지역들을 방문한다. 그중 하나인 오스티아는 고대로부터 로마의 주요 항구였다. 안전한 항만이라는 천혜의 조건을 갖춘 오스티아는 수도 로마를 거쳐 흘러오는 티베르강 어귀에 놓여 있다. 네로의 후계자 클라우디우스가 항만을 확장한 이래 선박 운송량이 증가했다. 지중해 전역은 물론 그 너머에서도 배가 들어와 바지선에 화물을 내린다. 이 바지선들은 일 년 내내 로마를 오가며 물건을 실어 나른다. 오스티아의 급속한 발전은 은행가를 포함하여 금융과 관련된 사람들은 물론 로마에서 정기적으로 오스티아를 여행하는 많은 사람들의 이목을 끌었다.

 나는 일 년에 수차례 25킬로미터밖에 떨어지지 않은 오스티아로 내려간다. 배로 이동할 수도 있겠지만, 도로로 가는 편이 더 쉽고 빠르다. 오스티아 가도는 꽤 꾸준한 교통량 때문에 잘 정비되어 있다. 군부대가 정기적으로 이동하고 여행 중인 귀족들을 호위하는 무장 노예들이 다니기 때문에 강도들의 습격으로부터 안전한 도로다. 도중에 쉬는 시간을 빼면 도보로 대략 다섯 시간이면 항구에 도착할 수 있지만, 이따금씩 나는 마차로 여행한다. 우리 집안에는 우스갯소리가 하나 있다. 기병 계급에 속했으니 근사한 말 몇 마리쯤은 있어야 하지 않느냐는. 하지만 그건 유감스럽게도 과거로부터 내려온 한낱 꿈이려니! 나는 그 도로의 치안 총경을 알고 있는데, 그 역시 기병 계급이다. 오스티아 가도는 로마를 방어하는 세르비아네 방벽을 지나 아벤틴 언덕과 티베르강을 따라 살짝 서남쪽으로 향한다. 도로 전체에 세워진 이정표에는 로마에서부터 번호가 매겨져 있는데, 이를 통해 얼마나 왔는지 그리고 얼마를 더 가야 하는지 알 수 있다. 여행 중에는 알모강처럼 그림같이 멋진 시내를 가로지르는 여러 다리를 건너게 된다. 통상 나는 사업 동료와 함께 여행한다. 험한 날씨에는 4인용 마차를 타는데, 돌로 포장된 도로 위에서 철제 바퀴로 달리다 보니 요란하고 울퉁불퉁한 여행길이 되고 만다. 대개 우리는 여행을 하면서 일에 대해 대화하고, 못 다한 가족 이야기를 나누고, 우리 도시에 영향을 미치는 문제에 대해 토론한다. 니카노르는 내가 그리스도인으로 살아가는 여정에 대해 듣는 일에 마음이 열려 있다. 그래서 나는 그가 언젠가는 나와 함께 그 여정에 동참하기를 희망한다.

그리스도인으로 살아가는 여정에 대해 듣는 일에 마음이 열려 있다

언젠가 우리의 사도 바울이 자기 고향 다소에 대해 설명했듯, 오스티아 자체도 "유명한 도시"다.[6] 오스티아는 비교적 부유하고 국제적인 중심지로서, 멋진 극장과 목욕탕과 신전을 갖추고 있다. 중앙 광장에는 주요 종교 및 관청 건물이 지어져 있고, 주도로에는 상점과 여관과 다

층 아파트가 늘어섰고, 수변 공간을 따라 창고와 시장이 들어섰다. 나는 주로 '길드 광장'에서 시간을 보낸다. 길드 광장은 지중해 도처에서 온 선적 대행사들의 사무실이 있는 두 번째 광장인데, 대개 그들의 고향 도시와 항구와 선박들의 모습으로 장식되어 있다. 내가 기존 및 잠재 고객들과 만날 약속을 하고, 예금과 대출 업무를 처리하고, 지역 및 외국 환율을 점검하며, 로마에 있는 고객을 대신하여 거래를 마무리짓는 곳이 바로 여기다.

베스파시아누스 장군이 최근에 도착했다는 소식으로 온 도시가 웅성거린다는 사실을 알게 된 건 바로 이번 방문 기간 중이었다. 그는 유대 지역으로 향하는 제5군단 및 제10군단과 연대하러 가는 길이었다. 여러분도 알다시피, 작년에는 점령군에게 대항하는 작은 반란이 여럿 있었다. 이러한 반란이 성공을 거두어 로마 장군들의 체면을 구겼다는 사실은 대부분의 사람들에게는 놀랄 만한 일이었다. 패전 소식을 접한 네로는 격분하면서 즉시 명령을 내려 주둔군을 증강하고 베스파시아누스를 사령관으로 임명했다. 베스파시아누스는 소수의 사람들이 미래의 황젯감으로 여기며 계속 은밀히 주시하는 조용한 성취자였다. 이 소식을 듣자 내 마음에는 경종이 울리기 시작했다. 비록 먼 변방에서 급진적 열심당 반항 세력이 일으킨 반란이지만, 이 일로 종교적 소수자들에 대한 네로의 의심이 다시 일깨워질 수도 있으리란 걱정이 밀려들었다. 그리고 로마에 있는 사람들은 대개 유대인과 그리스도인을 구분하지 못하여, 실제로 우리를 유대교 종파의 하나로 여긴다. 그러므로 이 일로 우리의 예수 운동에 대한 박해가 재발할 가능성이 열릴 수도 있다.

> 네로의 의심이 다시 일깨워질 수도 있으리란 걱정이 밀려들었다

예기치 않은 마르켈루스의 회심

이번 방문 기간에는 예기치 않은 일이 있었는데, 이로 인해 나는 장차 이 지역에서 지금까지보다 더 많이 일할 것에 대해 고려하지 않을 수 없었다. 나와는 정규적 사업 동반자인 마르켈루스가 자신이 좋아하는 선술집에서 식사하던 중에 느닷없이 나의 변화된 종교관에 대해 물었다. 그 이후로 그는 나와 편지를 주고받고 우리 집에 짧게 머문 다음, 한분 하나님에 대한 믿음을 받아들이고 자신

> 느닷없이 나의 변화된 종교관에 대해 물었다

의 미래를 예수님께 의탁했다. 나의 오스티아 방문은 주중에만 이루어지기 때문에, 나는 그가 주말마다 어디서든 신자들의 모임과 연결될 수 있으리란 확신이 들지 않았다. 나중에 오스티아로 내려간 김에 그런 모임을 찾아보려 했지만, 그런 모임은 아예 없는 것 같았다. (만일 바울이 탄 배가 로마로 가는 길이라면 도중에 남쪽 푸테올리보다는 오스티아에 정박했을 테고, 바울이라면 호송당하는 처지라 하더라도 십중팔구 거기서 뭔가 해결책을 찾았을 것이다.)

로마로 돌아와서 나는 이러한 두 가지 경과에 대해 브리스길라 및 아굴라와 함께 상의했다. 우리 교회는 그들의 아파트에서 모인다. 그들은 이전 황제 클라우디우스 통치 시절에 유대인 박해가 발생할 조짐이 보이자 한때 로마를 떠나지 않을 수 없었다. 지금 당장은 염려할 필요가 없지만, 우리가 유대에서 무슨 일이 벌어지고 있는지 그리고 그로 인해 제국의 다른 지역에 미칠 수도 있는 영향에 대해 계속 예의주시할 필요가 있다고 느꼈다. 그들은 마르켈루스의 회심 소식을 듣고 기뻐했다. 그들이 우리 모임을 시작한 사람들이었기 때문에, 나는 그들에게 오스티아에서 두 번째 모임이 진행될 수 있도록 도움을

줄 수 있는지 물었다. 그러나 막상 그렇게 말하면서도 자신이 없었다. 장막 만드는 일에 매여 있는 그들이 그 지역으로 여행할 일은 거의 없기 때문이다. 그들은 마르켈루스의 난처한 처지에 동정심을 갖는 한편, 자신들이 그리스로 재이주할 것을 고려하는 중이라고 설명했다. 과거 여러 해 동안 그들은 그리스에서 우리의 사도 바울이 교회를 양육하는 것을 도운 일이 있었다. 브리스길라가 내게 되물었다.

이 상황에 대해 기도하는 것 말고 달리 할 수 있는 게 있겠어요?

"이 상황에 대해 기도하는 것 말고 달리 할 수 있는 게 있겠어요?"

내가 대답했다. "그 도시에 아주 소수라도 동료 신자들이 있을 가능성이 있겠지만 찾아내기가 어렵겠죠. 더구나 제가 좀처럼 오랫동안 머물지는 않으니까요."

아굴라가 끼어들었다. "그러니까 마르켈루스에게는 당신이 이따금씩 방문해서 줄 수 있는 것보다 더 정기적인 도움과 격려가 필요한 거죠?"

나는 고개를 끄덕였다. "새로 그리스도인이 된 그가 그러한 모임에 끼어들기가 분명 쉽지 않을 겁니다."

한동안 모두 침묵한 다음 브리스길라가 말했다.

"하나의 가능성이 떠오르네요. 지난 두 해 동안 우리는 오스티아에 사는 유대인 부부와 알고 지냈는데, 그들은 가끔 사업차 로마에 들르곤 하죠. 오스티아에서 그들은 회당의 핵심 일원이지만, 메시아께서 이미 오셨다는 우리의 확신에 강한 흥미를 보여 왔답니다. 이제 그들에게 이 믿음에 대해 도전하여 그들이 기꺼이 마지막 단계를 받아들일지 확인할 때가 무르익지 않았나 싶네요."

브리스길라의 남편이 말을 이었다. "그래요. 그들이 그래 준다면, 그들이야말로 모임 출범을 도울 이상적 부부일 테니까요. 그들은 제대로 경건한 사람들로서 믿음대로 살려고 애쓰거든요. 또 우리 성경을 아주 잘 알기 때문에 어떤 모임에도 큰 유익을 끼칠 겁니다. 게다가 여러 사람이 모이기에 충분한 아파트도 갖고 있고 손대접도 아주 잘하는 사람들이랍니다."

"나폴리를 향해 뻗은 세베리아나 가도에 있는 어떤 집에서 모이는 회당 모임에 대해 들어 본 적이 있어요." 내가 말했다.

"맞아요. 그런데 우리의 제안을 실행에 옮기려면, 당신의 도움이 필요해요. 그리고 그들이 부부이니 유니아의 도움도 필요하고요."

"어떻게 말인가요?" 내가 물었다.

"다음에 그들이 로마에 들를 때 식사 자리에 우리랑 함께해 줄래요? 당신의 신앙 여정은 물론 오스티아에서 하는 일에 대해서도 나눠 주면 좋겠어요. 그들이 믿음의 다음 단계를 택한다면, 그들은 자신들과 같은 선택을 한 다른 누구와도 함께 만나는 일에 개방적일 게 분명해요. 그렇게만 된다면, 당신 부부는 그들에게 방금 나눈 필요에 대해 말할 수 있을 테고, 이따금 방문할 기회가 있을 때 그 모임에 참여할 수도 있을 거예요. 어떻게 생각해요?"

> 같은 선택을 한 다른 누구와도 함께 만나는 일에 개방적일 게 분명하다

내가 말했다. "유니아와 함께 상의해야겠지만, 유니아도 분명 그런 제안에 마음을 열 겁니다. 아마도 유니아는 오스티아에서 사업가 배우자의 아내들과 함께 자신의 지원 사역을 확대할 가능성을 엿볼 게 틀림없어요."

다음 며칠 동안 유니아와 나는 이 일에 대해 상의했고, 브리스길라와 아굴라의 제안을 따라야겠다고 느꼈다. 이러한 가능성을 통해 나는 하나님께서 로마 이외의 지역에서 내 비즈니스를 통해 하나님 자신의 비즈니스를

확장하시기 위하여 어떻게 나를 사용하시는지에 대해 눈이 뜨였다.

> 하나님 자신의 비즈니스를 확장하시기 위하여 어떻게 나를 사용하시는지에 대해 눈이 뜨였다

시민의 책임

어느 정도 사회적 지위가 있는 로마 시민의 한 사람으로서 내게는 언제나 **시민으로서의 책임** 의식이 있다. 그러나 원로원 지도층 가운데는 이러한 책임을 권력이나 더 큰 부를 획득하기 위한 자기 홍보 수단으로 삼을 기회로 여기는 사람이 많다. 물론 도시에 공적으로 봉사하기 위해 진심으로 수고하는 사람도 일부 있다. 나는 단지 기병 계급 출신이기 때문에, 도시에 기여할 기회가 제한되어 있다. 젊은 시절에는 개인적 야망을 추진하는 데 과도하게 집중했지만, 예수님의 제자가 된 후로는 우리 사회에 대한 책임을 점점 더 의식하고 있다.

동료 그리스도인들 가운데는 이와 다른 견해를 갖고 있는 이들도 있다. 그들은 자신을 천국에 이르는 길에 잠시 이 세상을 지나가는 순례자로 여긴다. 그들에게는 영

원한 것만 중요하므로, 그들이 '세상 관심사'로 여기는 것들에 매일 필요가 없다. 아직까지 예수님에 대해 들어 보지 못한 사람들이 아주 많기 때문에, 영원하지 않을 제도를 지탱하기보다는 예수님의 메시지를 전파하는 데 우리의 시간과 에너지를 집중해야 한다는 말이다. 나 역시 한때 이런 쪽으로 빠진 적이 있다. 그러나 이스라엘이 포로로 있는 동안에도 하나님께서는 자기 백성에게 하나님의 복을 원하거든 하나님께서 그들을 두신 "그 성읍이 번영하도록 기도"[7]하라고 말씀하셨다는 사실을 배웠다. 우리의 선생 바울도 자신의 편지들 가운데 하나에서 우리에게 주위의 다양한 사람들에게 '은인'[8]이 되라는 비슷한 명령을 내렸다.

> 주위의 다양한 사람들에게 '은인'이 되라는 비슷한 명령을 내렸다

과거에 나의 기병 선조들은 군대에서 상급직을 차지했다. 지금은 더 이상 그렇지 않지만, 여전히 시에서 상급 관리직을 맡는 것으로 되어 있다. 이러한 책무를 어떻게 감당할 수 있을지에 대해 생각하다 보니 하나의 영역에 점점 더 마음이 쓰였다. 로마의 고질적 문제는 가난한 사람들에게 돌아갈 식량이 부족하다는 것이다. 그들 가운데는 과거에 노예였던 자들과 이민자들과 장애인들이 많

1세기 그리스도인의 선교 이야기

앉다. 전쟁과 기아가 발발하던 초기에는 정부 소속 은행가들이 곡물을 확보하고 저장하고 분배하는 일을 감독하도록 임명받았다. 정기적으로 빈민 구호를 필요로 하는 사람들이 점점 더 늘어나면서, 그라쿠스 2세 시대에는 이 직책이 항존직이 되었다. 도시의 250개 행정구역에 걸쳐 공정하고 효율적인 식량 분배가 확실히 이루어지도록 공무원들이 선출되었다. 이제는 인구의 거의 오분의 일에 해당하는 20만 명가량이 빈민 구호에 의존하고 있다. 유니아는 여자들과 동역하면서 이러한 빈민 구호의 필요를 피부로 간파했다. 특히 아이들에게는 그 효과가 지대함을 절감했다.

몇 주 전에 나는 빈민 구제 위원으로 출마하는 문제에 대해 교회의 지혜를 구했다. 가난한 사람들을 먹이는 일과 함께, 그들 가운데 질병으로 고통받는 사람들을 도울 필요도 있음을 파악했다. 그들은 대개 과밀 지역에 살고, 오염된 물과 개방된 거리 화장실에 의존한다. 이러한 환경으로 인해 많은 사람들이 콜레라와 장티푸스 같은 주기적 전염병은 물론 이질과 위장염에도 매우 취약하다. 빈민 구호에 간단한 치료가 보강될 수 있다면, 이러한 치

> 빈민 구제 위원으로 출마하는 문제에 대해 교회의 지혜를 구했다

명적 질병의 심각성이 감소될 수 있을 것이다. 우리 시대 약초학 분야의 권위자인 디오스코리데스가 최근 자신의 유명한 책에서 약초들을 정리했는데, 증상에 맞게 약초들을 나누어 준다면 효과가 있을 것이다.

교인들은 대부분 내 생각을 지지하면서도 그들 나름대로 묻고 제안했다.

글레멘드가 물었다. "당장 원로원에서 증세를 반대하는 마당에 자네의 제안에 필요한 추가 재정을 확보할 복안은 있는 건가?"

"은행업을 통해 관계를 맺게 된 부유한 시민 몇을 알고 있는데, 그들은 나를 기꺼이 지원해 줄 걸세."

공무원으로 일하는 아리스도불로가 말했다. "엄청난 제안이지만, 적절히 접근한다면 먹힐 수도 있겠네요."

모임에 속한 또 다른 사람이 대화재 기간을 상기시켜 주었는데, 그때 우리는 정기 모임을 갖는 대신 교회를 거리로 옮겨 가장 피해가 큰 사람들에게 음식과 옷가지를 제공하기로 결정했었다.

> 정기 모임을 갖는 대신 가장 피해가 큰 사람들에게 음식과 옷가지를 제공하기로 결정했었다

"우리 가운데 몇몇이 개인적으로 이 일을 지속하고 있는데도 우리가 이 일을 도시를 향한 정규 사역으로 삼지

못했던 이유는 뭘까요?"

방 안에는 고개를 끄덕이는 사람이 몇 있었고, 늘 실제적인 성향의 자유인 가이우스가 의견을 냈다.

"우리가 이 일을 한다면, 말과 몇몇 보여주기 식 시늉에 그쳐서는 안 될 것입니다. 가장 효과적이고 지속적으로 도움을 줄 수 있는 방법이 무엇일지 또 이를 시도해 볼 가장 전략적인 지역이 어디일지에 대해 각자 미리 생각해 본 다음 모두 모여 나눠 보면 좋겠네요."

> 보여주기 식 시늉에 그쳐서는 안 될 것입니다

네 아이의 아빠인 빌롤로고가 말했다. "아이들이 기여할 여지도 있을 텐데, 아이들 생각이 궁금하네요."

"재밌겠지만 조금 겁나는 일일 수도 있겠죠?"라는 대답이 있었다.

재정 확보에 대한 원안으로 돌아와서 글레멘드가 물었다. "특별히 염두에 둔 부자 시민이 있나요?"

"투스쿨룸에 있는 고객 몇 명에게 물어볼 생각이었습니다." (투스쿨룸은 귀족이 많이 사는 인근 마을이다.)

브리스길라가 조용히 중얼거렸다. "그거 흥미로운 실험이겠군."

그러고 나서 모임에서는 나를 위해 기도한 다음 나중

에 경과를 알려 달라고 요청했다.

나는 교회의 반응에 격려받은 후 곧 투스쿨룸으로 여행을 떠났다. 투스쿨룸은 로마에서 출발하면 오스티아와 비슷한 거리인데, 라티나 가도를 거쳐 가고, 사화산 아랫자락에 자리하고 있다. 스트라보가 자신의 유명한 책 『지리학』에서 묘사한 멋진 한 마디가 있다. 투스쿨룸은 "기름지고 물이 마르지 않는 언덕 위에 자리 잡은…초목과 빌라로 장식되고…장대하게 설계된 궁궐이 들어서 있다." 키케로는 거기에서 여러 책을 저술했고, 바로라는 저술가 또한 감탄의 글을 썼다. 나는 정신적 지지를 받음은 물론 거기서 벌어지는 일들을 기록하기 위해 니카노르를 데려갔다. 가는 길에 그가 내게 물었다.

"그 사람들에게 어떻게 접근할 참인가요?"

"그야 물론 슬기롭게," 내가 대답했다. "'뱀과 같이 슬기롭고, 비둘기와 같이 순진'한 것에 대해 예수님께서 어떤 말씀을 하셨는지 기억하겠지?"

"그래서요?"

"그들의 기분을 추켜 주면서 시작해 보세. 그렇다고 그릇된 방식이 아니라 그들이 로마에 긍정적으로 기여한 일들에 대해 칭찬하는 식으로 말이지. 그런 다음 이 일에 대해 내가 적임자임을 밝힌 후 그들의 지원에 내가 얼마나 고마워하는지 말할 걸세. 그들이 그 일에 마음을 연다면, 조심스럽게 다음 단계로 나아가야겠지. 처음부터 돈을 요구하는 식으로 다가가면 방어적이 될 테니, '요구'한다기보다는 우리가 그들에게 제공하는 일종의 '선물' 개념으로 제안할 필요가 있겠지. 그러면 그들이 어리둥절해하겠지만, 우리가 그 이유를 제대로 설득해야겠지. 우리의 제안으로 그들이 특별히 덕 볼 일은 없으니, 사람들은 오히려 이를 그들이 종종 하는 지원보다 훨씬 더 명예롭게 여길 거라고 말일세. 그렇지만 그런 지원을 받는 사람들은 십중팔구 공개적으로 고마움을 표하고 싶어 할 테니, 우리는 투스쿨룸에 기념 명판을 세우는 데 동의해 달라고 제안할 걸세. 그러면 그들의 고향에도 자랑거리가 되겠지."

니카노르는 쉴 틈 없이 쏟아낸 내 말을 이해하느라 잠시 생각에 잠기더니 조용히 말했다.

"최선을 다해 돕겠어요."

"계속 기도해 주게. 무엇보다 기도해 주는 게 가장 중요하다네."

투스쿨룸에 짧게 머무는 동안, 나는 여러 명망가 저택에서 내 의견을 펼쳤다. 내 고객들 가운데 셋이 나를 지명함은 물론 추가 재정 요청안을 지지하기로 동의했다. 나는 그들의 반응을 내 계획이 바른 길로 나아가고 있다는 긍정적 신호로 받아들였다. 이제 내가 성공적으로 선출될지는 하나님의 손에 달렸다.

> **고객들 가운데 셋이 나를 지명함은 물론 추가 재정 요청안을 지지하기로 동의했다**

다른 사람들과 더불어 사는 삶

또 다른 영역인 나의 **사회생활**로 가 볼 텐데, 여기서도 새로운 일이 벌어지고 있다. 물론 사회생활은 일과 여행과 시민 활동처럼 내가 이미 다룬 영역에 속한다. 이는 또한 가정과 여가 활동과 교회 생활에서도 아주 중요하다. 로마에서는 일이 오전에만 이루어지므로, 오후와 저녁 그리고 공휴일에는 다른 사람들과 함께 어울린다. 이에 대한 일례로 지난번 회람 편지에서 내가 공중목욕탕과 관련하여 한 말을 기억할 것이다. 대낮부터 사람들은,

심지어 가난한 사람들도 포함된 모든 계층의 사람들이 목욕 시간을 즐긴다. 예의상 여성과 남성은 목욕 시간대가 다르다. 목욕하러 가는 사람들은 대개 다른 사람들과 만날 약속을 한다. (목욕은 사람들과의 사교는 물론 운동과 휴식을 하거나, 간식을 먹고 도서관에서 책을 읽고 상점을 둘러볼 기회를 제공한다. 사람들은 대부분의 목욕탕에 딸려 있는 아케이드 상가에서 시간을 보낸다.) 지난주 여행 중에 하루는 목욕탕 복합 상가에 자리한 이발소에서 일하는 한 이발사를 방문했다. 나는 그가 단지 내 머리를 깎고 면도를 해 주는 사람으로 그치지 않았으면 했다. 그는 말하기 좋아하는 사람이라, 그것은 그리 어렵지 않았다. 어느덧 우리는 집안일은 물론 폭넓은 주제에 대한 서로의 관점까지 나누기 시작했다. 그는 얼추 코미디언 기질이 있어서, 우리는 서로 재미있는 농담 따먹기를 하며 한층 더 가까운 사이가 되었다. 얼마 전 내가 이발소를 방문했을 때, 그는 내게 자기 일과 관련된 최신 농담을 해 주었다. "이발사와 대머리 사내와 건망증 심한 교수가 함께 여행 중이었습니다. 그들은 밤에 야영하며 교대로 짐을 지키기로 약속했죠. 이발사 순번인데, 그는 지루한 나머지 교수의

머리를 삭발하며 낄낄댔습니다. 교대 시간을 지키려고 잠에서 깨어난 교수는 자기 머리가 훌렁 맨머리인 것을 감지하고 투덜댔습니다. '이런 바보 같은 이발사를 보게나. 나 대신 대머리를 깨우다니!'" 나는 늘 사람들에게 내 직업에 대해 편한 느낌을 심어 주려고 은행가에 대한 재미있는 농담거리를 찾아다닌다. 서로 우스갯소리를 주고받다 보면 어느 틈에 교회에 대한 대화에도 마음이 열린다. 교회는 사람들이 편히 웃고 함께 즐거워할 수 있다고 느끼는 자리이기 때문이다. 내가 처음으로 교회에 동참하는 문제에 대해 고려할 때 교회의 그런 점이 퍽 인상적이었다. 이는 내가 성장하면서 봐 온 매우 형식적인 종교 의식들과는 영 딴판이었다. 신앙이 재미와 분리되지 않음을 알고 나니 다른 사람들과 신앙을 나누기가 더 쉬워졌다. 이로 인해 이발사와 함께 온갖 종류의 주제에 대해 대화할 길이 확실히 열리게 되었다. 또한 삶에서 가장 중요한 게 뭔지도 알게 되었다.

> 우스갯소리를 주고받다 보면 어느 틈에 교회에 대한 대화에도 마음이 열린다

다시 목욕탕으로 돌아가 보자. 나는 목욕탕을 중요한 교회 행사들 가운데 하나를 수행할 최적의 장소로 여긴다. 이따금 거기서 우리 교인들 가운데 누군가의 영향을

받아 우리 하나님께 헌신하고 싶어 하는 사람들이 생기기도 한다. 한 명일 때도 있고 여럿일 때도 있다. 예수님께서는 물속으로 들어갔다가 나오는 방식으로 그러한 헌신을 표현하라고 하셨다. 이는 우리의 옛 삶이 끝나고 새 삶이 시작되었음을 가시적으로 보여 주기 위함이다. 우리는 대개 티베르강으로 가서 개인 혹은 집단에게 세례를 준다. 그러나 여기에는 위생상 위험이 따른다는 게 큰 문제다. 그 강은 쓰레기로 오염이 심한 탓에 거기서 씻기만 해도 질병에 노출된다. 사실 공공 수채통이나 다름없다! 그런 중요한 일에 적합한 더 위생적인 장소는 공중목욕탕일 것이다. 공중목욕탕이 질병에서 자유롭다는 말이 아니라 강보다는 훨씬 더 깨끗하다는 말이다. 불행하게도 남자와 여자를 분리하는 것이 이 일에 걸림돌이라면 걸림돌이다. 그러므로 부유한 가정이나 동업조합에 속한 개인 목욕 시설을 이용하는 게 더 나은 대안일 것이다. 이들 가운데 하나를 이용할 수만 있다면, 친구와 동료와 가족을 초청하여 예수님을 따른다는 게 무슨 의미인지 더 자연스럽게 증거할 수 있을 것이다. 사람들이 편히 쉬며 서로 친교를 나누겠다고 굳이 티베르강까지 내려가지는 않지만, 목욕탕에서는 아주 익숙하게 그럴 수 있다.

이제 또 다른 형태의 사회생활에 대해 말해 보자. 대다수 사람들은 고층 아파트에 있는 아주 작은 셋방에서 사는데, 부엌조차 딸려 있지 않다. 그러나 우리는 다른 사람들을 식사 자리에 초대할 수 있을 정도로 충분히 큰 아파트를 소유하고 있다. 과거에도 사람들을 초대하곤 했는데, 노예들이 음식 준비와 접대와 뒷정리까지 도맡았다. 브리스길라와 아굴라의 집에서 모이는 교회의 일원이 되었을 때, 우리는 아이들도 함께하는 식사 자리에 참석했고, 노예들은 우리를 시중들뿐만 아니라 우리와 합석하기까지 했다. 이것은 다른 사람들과 어울리는 새로운 방식에 눈뜨는 전혀 새로운 경험이었다. 특히 네로의 거짓 기소로 그리스도인의 명성에 큰 타격을 입은 대화재 이후로 우리는 다른 사람들을 집으로 초대하여 우리의 진짜 모습을 보이는 것이 중요함을 깨달았다. 처음에는 우리의 초대를 받아들이는 데 약간 과민 반응을 보이는 사람들도 있었다. 그리스도인들을 탓할 만한 온갖 해괴망측한 소문이 파다하게 돌고 있었으니 말이다. 그리스도인들은 살을 먹고 피를 마시고, 집단 성행위를 하고, 체제

다른 사람들과 어울리는 새로운 방식에 눈뜨는 새로운 경험이었다

1세기 그리스도인의 선교 이야기 47

를 뒤엎는 새로운 미신을 조장하는 무신론자라는 말까지 나돌다니!

우리는 집으로 사람들을 초대하여 식사함으로써 이러한 그릇된 인상이 재빨리 깨지기 시작하는 것을 발견했다. 그들의 그러한 시각을 대화 주제로 삼았다는 말이 아니다. 그저 아무 격식 없이 편하게 그들을 대하고, 그들의 배경과 삶의 여정에 관심을 보이면서 그들과 함께 혹은 그들을 위해 우리가 할 수 있는 게 무엇인지를 발견하는 게 더 중요했다. 그러다 보면 때때로 우리의 인생관과 우선순위에 대한 토론으로 이어지기도 했지만, 언제나 그런 건 아니다. 그러나 이를 통해 그들이 우리에 대해 품고 있던 고정관념이 무너짐은 물론, 우리가 그들에 대해 품고 있던 고정관념 역시 마찬가지로 무너졌다.

> 집으로 사람들을 초대하여 식사함으로써 그릇된 인상이 깨지기 시작하는 것을 발견했다

유니아와 나는 부부들을 우리 집 식사 자리에 초대할 경우 종종 뜻밖의 일이 발생한다는 점을 깨닫기 시작했다. 그들은 우리 부부가 서로를 어떻게 대하는지 또 어떻게 진짜 동반자 관계를 유지하는지 자세히 주목한다. 로마인들은 대개 가문간 유대 강화나 재정적 지위 향상 혹은 사회 정치적 지렛대 강화를 위해 결혼한다. 아내가 상

류층 출신이 아닌 경우에는 남편의 견해와 이해가 지배적인 경우가 대부분이다. 그런 사람이 다른 사람들을 자기 집으로 초대한다는 건 주로 자신의 부와 지위를 과시하기 위함이다. 과거에는 우리 역시 그러곤 했지만, 이제는 달리 행동하려고 노력한다. 우리 자신에 대해 자랑하기보다는 손님들에게 더 관심을 보이고, 서로를 동등하게 대하면서 서로의 세계에 관심을 보이고, 서로 존중하고 친절히 대하려고 한다. 우리의 정체성이 더 이상 다른 사람의 생각에 달려 있지 않는 만큼, 더 이상 비싼 옷을 입거나 최고급 식기류를 늘어놓거나, 사치스런 음식과 포도주를 내어놓지 않는다. 이 모든 행위들이 사람들에게 꽤 깊은 인상을 주지만, 나중에 그것에 대해 뒷말을 듣는 경우도 종종 있다.

이러한 경험은 우리가 한 걸음 더 나아가는 데 도움이 된다. 우리가 서로는 물론 아이들과 노예를 대하는 방식을 통해 우리의 가정생활이 사람들에게 깊은 인상을 심어 줄 수도 있겠다는 생각이 들었다. 그래서 우리는 다른 부부를 초대할 때면 그들의 자녀와 노예도 함께 초대하기 시작했다. 우리 부류의 사람들에게는 이러한 초대 방

> 서로는 물론 아이들과 노예를 대하는 방식을 통해 사람들에게 깊은 인상을 심어 줄 수도 있다

식 특히 노예를 객에 포함한다는 건 매우 이례적이다. 일부 손님들은 우리 아이들이 성숙한 방식으로 어른들 자리에 끼어드는 역량에 대해, 그리고 우리 노예들이 시에서 일어나는 일들에 대해 뜻밖의 통찰력을 갖고 있는 것에 대해 긍정적으로 평가했다. 분명한 것은, 손님들이 그들에게는 생소한 가정생활의 새로운 면모를 지켜보고는 이따금씩 흥미가 일어 그러한 변화로 이끈 게 무엇인지 물어본다는 점이다. 이러한 경험으로 말미암아 우리는 그리스도인이 베푸는 환대의 가치에 대해 좀더 의도적으로 접근하게 되었다.

마지막으로 은행가 동업조합에서 사회적 관계를 맺는 것에 대해 언급하고자 한다. 이 단체는 우리가 하는 일의 서비스 품질을 감독하고 우리의 이익을 도모하고 회원들의 장례를 주선하며 월례 만찬을 계획할 책임이 있다. 이 만찬은 꽤 사치스런 행사로 엄청난 양의 음식과 음료와 음악과 매우 화려한 연설이 뒤따른다. 이 모든 게 몇 시간에 걸쳐 진행된다. 만찬이 진행되던 중 어느 특정한 시간에 이르면, 사람들은 신에게 절하고 제물을 바친다. 그 신의 도움으로 자신들의 동업조합이 만남을 이어온다고 생각하는 것이다.

나의 동료 그리스도인들 가운데는 이 동업조합에 회원으로 가입하는 데 반대하는 사람이 많다. 동업조합이 우상숭배와 연관되어 있기 때문이기도 하고, 참석자들이 간혹 술에 잔뜩 취해 자제력을 잃기 때문이기도 하다. 나는 그들의 반대를 이해하면서도 기도하는 마음으로 조합에 계속 참여하기로 작정했다. 이를 통해 금융계에서 벌어지는 일들을 꾸준히 접하는 한편, 때로는 내 신앙을 나눌 기회의 문을 열어 줄 인간관계를 개발할 수 있으니 말이다. 내게 가장 어려운 점은 우상숭배에 참여하게 된다는 것일 게다. 그러나 나는 이를 해결할 전략을 강구해 두었다. 첫 번째 전략은 그 신에게 경배하는 걸 물리적으로 적절히 피하면서 주변 사람들이 참 하나님에 대한 지식에 이르기를 위해 조용히 기도하는 것이다. 달리 말하면, 겉으로는 그 신 앞에 절하거나 엎드리지 않는 한편 속으로는 그 신을 완전히 무시하는 태도다.

다음으로, 히브리 예언자의 우상 비판에 대해 배운 후로는 연회 중에 우상숭배가 벌어지면 나는 가끔 마음속으로 예언자들의 말을 되뇐다. 하박국처럼, 우상을 향해

> 신앙을 나눌
> 기회의 문을
> 열어 줄
> 인간관계를
> 개발할 수 있다

넌 단지 인간의 손으로 만든 것에 불과하며 말하거나 느낄 수조차 없는 존재라고 말한다.[10] 예레미야처럼, 넌 아무짝에도 쓸모없고 기만적이라고 말한다.[11] 이사야처럼, 마음속으로 우상을 조롱하며 아무것도 이루지 못하는 망상으로 여기며 무시한다.[12]

아주 명망 높은 몇몇 이교도 작가들이 우상에 대해 한 비꼬는 발언을 우연히 접한 뒤로, 나는 일부러 동업조합 내에서 좀더 회의적인 회원들과 자리를 같이한다. 가끔 그들 자신도 신들에 대해 다음과 같이 익살맞게 말을 하곤 한다. "크세노파네스가 한 우스갯소리가 있는데 혹시 아시나요? 쿠시인들이 만든 우상은 들창코에다 시커멓고, 트라키아인들이 만든 우상은 푸른 눈에 붉은 머리카락을 하고 있답니다. 다들 자기들 생긴 대로죠." 나로서는 이런 자기 우월적 농담이 불편하다. 그러나 나 역시 이런 분위기에 편승하여 이사야 같은 유대 예언자들 가운데 하나를 인용하며 대화에 끼어들기도 한다. 우상에 대한 이방의 묘사 몇몇이 얼마나 우스꽝스러운지, 또 우리의 하나님 묘사가 무엇보다 우리의 이미지에 얼마나 더 가까운지를 언급하면서 말이다. 그러다 보면 때로는 종교적 주

일부러 동업조합 내에서 좀더 회의적인 회원들과 자리를 같이한다

제에 대해 진지한 대화의 문이 열리기 시작한다.

여가 활동

내가 들어선 새로운 삶의 국면에 영향 받은 영역들 가운데 **여가** 활동도 포함된다는 사실이 이상하게 들릴지 모르겠다. 로마에서는 나와 같은 사회적 계층의 사람들은 운이 좋아 여가를 누릴 충분한 시간이 있다. 이미 말한 대로, 우리는 통상 오후에 할 일을 선택할 수 있다. 그리고 여러 신들과 그들의 신전을 기념하는 공휴일도 일 년에 무려 135일이나 된다. 그런 날이면 스포츠건 문화 활동이건 여러 행사들이 벌어지는데, 눈부시게 화려한 무대를 꾸며 놓고 엄청난 군중을 끌어모은다.

예수님의 길을 택하고 나서 여가에 대해 배운 게 있다. 로마의 양육 과정에는 없는 것들이다. 아굴라와 브리스길라를 통해 알게 된 것으로, 유대인들은 그들의 역사 초기부터 일주일에 하루를 따로 떼어놓아 그날은 아무도 일할 필요가 없었다. 짐승조차 일할 필요가 없었다니! 그날에는 그들의 하나님께서 주시는 복, 곧 그들의 주변 세상과 그들에게 주신 하나님의 약속과 이집트 노예 상태에서 해방된 것을 기억했다. 또한 개인적으로 혹은 친구나 가족과 함께 휴식을 취하고, 이웃은 물론 더 폭넓은 공동체와 더불어 기쁨을 나눌 기회를 누린다. 그리스도인으로서 이런 일들을 위해 특별한 날을 따로 구별할 의무가 더는 없지만, 우리는 매주 다양한 차원에서 시간을 내어 하나님의 선하심을 기억하고 그분이 지으신 창조 세계의 아름다움에 감사하며 다른 사람과 함께 휴식을 취하거나 즐거운 시간을 보내는 게 매우 가치 있는 일임을 발견했다.

> 휴식을 취하거나 즐거운 시간을 보내는 게 가치 있는 일임을 발견했다

지난 몇 년 동안 나는 여가에 대한 나의 새로운 이해가 우리가 여가를 즐기는 전통적 방식과 어떤 관계가 있는지 파악하려고 노력해 왔다. 예를 하나 들어 보겠다. 나는 아들 누기오에게 어릴 때부터 체육 활동에 참여하라고 권했다. 누기오는 달리기와 뜀뛰기와 수영과 레슬링과 권투와 같은 다양한 스포츠 가운데서 선택할 수 있었는데, 달리기와 권투를 가장 즐겼으므로 이 둘에 집중하기로 했다. 나는 아들의 운동을 도와주고 싶어서 한 주

에 한 번 시간을 떼어놓고 그와 함께 캄푸스 마르티우스로 가서 운동 연습을 했다. 이곳은 한때 강변의 범람원 공터였는데 도시의 청소년들을 위한 대운동장으로 사용되어 왔다. 수백 명의 사내아이들이 운동하러 나와 경기를 하며 서로 경쟁했다. 아들은 여러 선배 운동선수들의 지침을 따라 달리기와 권투 기술을 연마할 수 있었다. 나는 이것을 가족을 돌보는 책임 혹은 '사업'의 일부로 여기며, 아들의 운동을 지도할 뿐만 아니라 '인성 교육'의 일환으로도 활용한다. 운동장에 있는 동안 나 또한 운동할 기회를 약간 갖는다. 직업상 주로 앉아서 일하는 탓에 만성 요통과 거북목 증상에 시달리는 내게는 일종의 보상도 되고 재활 치료 효과마저 있으니 완전히 꿩 먹고 알 먹고다.

> 누기오와 함께하는 시간을 운동을 돕는 차원을 넘어 '영성' 교육의 일환으로 여긴다

그러나 이제 나는 누기오와 함께하는 시간을 단지 운동을 돕는 차원을 넘어 '영성' 교육의 일환으로 여긴다. 아들은 자기 훈련의 가치와 집중력과 인내의 필요를 배우고 있다. 아울러 이러한 훈련을 통해 원한을 품지 않고 지는 법과 겸손하게 이기는 법을 배운다. 팀 활동이 있을 때는 협동하는 법도 배우면서 공동의 목표를 위해 애쓴

다. 이러한 것들은 아들의 인생 다른 부문에도 큰 도움이 될 만한 자질들이다. 아들과 내가 운동장에 있는 동안, 쿠미아는 집안에서 유니아의 도움을 받아 가며 자신의 음악적 관심을 계속 키워 나간다. 딸은 노래 부르기와 수금 연주를 배운다. 유니아는 거의 매일 오후마다 딸의 연습을 감독하고, 한 주에 한 번은 딸의 교습을 위해 가정교사가 방문한다. 이 모든 경험을 통해 쿠미아 역시 자기오빠와 유사한 덕목을 습득하고 있다. 우리는 쿠미아가 우리 가정교회에서 자신의 재능을 활용하는 것을 볼 수 있어 뿌듯하다. 딸은 교회 모임에서 반주를 하고 때로는 노래를 인도하기도 한다.

루디 로마니

다양한 종교 축일과 겸하여 공공 경기가 열린다는 점을 이미 언급한 적이 있다. 이런 일들이 한 주에 한 번쯤 벌어진다. 이 가운데 가장 중요한 경기인 **루디 로마니**는 매년 9월이면 원형대경기장인 키르쿠스 막시무스에서 개최

되는 두 주간의 경기다. 이곳은 우리의 최대 경기장으로서 전인구의 사분의 일인 25만 명을 수용할 수 있다. 이 축제 기간에는 어떤 노동도 금지되며 이는 노예와 이민자들에게도 적용된다. 이 칙령을 어기면 누구에게든 비싼 벌금이 부과된다. 경기장에는 어김없이 네로가 아첨꾼 수행원들을 대동하고 나타난다. 그는 과시욕이 강한 인물로 군중의 인기를 끌어올릴 기회라면 호라라도 놓치지 않는다. 네로가 우리 백성들을 집단 학살한 자라는 사실을 의식하며 경기장에서 황제의 예복을 번듯하게 갖춰 입은 그를 바라본다는 건 실로 무시무시한 경험이다.

경기장 둘레로는 길이 540미터 폭 80미터짜리 모래 덮인 트랙이 깔려 있다. 마차 경주를 위한 출발문은 열둘인데 원호 모양으로 배열되어 있으며, 각각의 트랙 끝에는 동일한 수의 회전 기둥이 있다. 모든 경주로 끝에는 몇 바퀴 마쳤는지를 보여 주는 표시판이 있는데, 거기가 반환점이다. 축일 자체는 근엄한 행진으로 시작하여, 전차와 사람이 겨루는 흥미진진한 경주와 숙련된 승마 시범이 이어진다. 유명한 전차꾼들끼리 벌이는 경주가 권투와 춤과 이국적 동물 전시 사이사이에 편성된다. 연극 또

한 여러 날 동안 공연된다. 원래 주피터를 기리기 위해 개최되는 경기에는 늘 신에게 바치는 의식이 포함되기 마련이다. 그러나 최근에는 황제에게 신성한 예우를 표하는 의식들로 점차 그 빛이 바래고 있다.

이 축제에 참석한다는 건 로마에 대한 애국적 헌신과 동의어이므로, 불참한다는 건 충분히 의심을 살 만한 행위다. 이는 종교적 차원에서 보면 유대인과 그리스도인 모두에게 하나의 도전이다. 도시를 뒤덮은 신전과 샘과 숲을 피해 가기란 그리 어렵지 않지만, 이 두 주 동안의

축제를 무시하기란 더욱 어렵다. 축제를 인정하는 건 그들의 기본 신앙을 타협하는 셈이라고 많은 신자들이 느낀다. 그들은 자신이 그런 행사에 참여할 경우 이제 막 도를 따르게 된 새로운 제자들이나 연약한 제자들 역시 행사에 참여할 유혹에 빠지게 되어 결국 우상숭배적 생활 방식으로 되돌아가지 않을까 염려한다. 그러나 우리 집에서는 누기오와 쿠미아 둘 다 경기와 음악 행사 관람을 열렬히 좋아했다. 아이들은 경기를 주피터에게 바치는 일이나 황제를 숭배하는 일의 전반적 의미를 몰랐다. 여러 번 가족 토론을 거친 끝에, 우리가 언제 무엇에 참여하는지를 선택함으로써 공적으로 종교적 표현이 포함된 행사를 피할 수만 있다면, 경기장에 가는 것도 괜찮겠다는 결론을 내렸다. 축제에 참석하는 말 그대로 다른 모든 사람들 역시 운동경기와 다른 행사들에 대해 우리와 별반 다르지 않은 태도를 보인다는 점이 고무적이었다. 그들 역시 주피터와 황제에게 늘 건성으로 고개를 끄덕일 뿐이다. 동료 신자들 가운데 일부가 여전히 이에 동의하지 않음을 알고 있지만, 우리는 우리의 결정으로 말미암아 그 누구도 과거의 우상숭배로 되돌아가기를 원치 않

우리의 결정으로 그 누구도 과거의 우상숭배로 되돌아가기를 원치 않는다

는다는 사실을 모임 내에 알렸다. 그러면서 그들에게 바울의 조언을 상기시켜 주었다. "서로 남을 심판하지 마십시다. 형제자매 앞에 장애물이나 걸림돌을 놓지 않겠다고 결심하십시오."¹³

여기에는 다른 측면이 더 있다. 바울 또한 누기오가 좋아하는 두 개의 스포츠인 달리기와 권투에 대해 언급한다. 추측컨대, 바울이 실제로 이 경기들을 보지 않았다면 그런 말을 쓸 수 없었을 것이다. 스포츠 대회에 참석하여 누기오와 함께 육상 경기와 권투 경기를 관람할 때, 나는 누기오와 그러한 통찰을 나눌 수 있는 가르침의 기회를 얻는 셈이다. 바울의 말을 외우곤 있지만 언제나 그대로 인용하는 건 아닐 수 있다. 바울은 말한다. "경기장에서 달리기하는 사람들이 모두 달리지만, 상을 받는 사람은 하나뿐이라는 것을 여러분은 알지 못합니까? 이와 같이 여러분도 상을 받을 수 있도록 달리십시오. 경기에 나서는 사람은 모든 일에 절제를 합니다. 그런데 그들은 썩어 없어질 월계관을 얻으려고 절제를 하는 것이지만, 우리는 썩지 않을 월계관을 얻으려고 하는 것입니다." 이런 말도 한다. "나는 허공을 치듯이 권투를 하는 것이 아닙니다. 나는 내 몸을 쳐서 굴복시킵니다. 그것은 내가, 남에게 복음을 전하고 나서 도리어 나 스스로는 버림을 받는, 가련한 신세가 되지 않으려는 것입니다."[14] 그런가 하면 이런 말도 있다. "경건함에 이르도록 몸을 훈련하십시오. 몸의 훈련은 약간의 유익이 있으나, 경건 훈련은 모든 면에 유익하니, 이 세상과 장차 올 세상의 생명을 약속해 줍니다."[15] 이러한 말씀들은 내게도 중요했는데, 하나님께서는 가장 일상적인 것들을 통해 자신의 도를 알려 주실 수 있다는 점을 보여 준다. 전에도 평범한 그림 언어 혹은 예수님이 지칭하신 비유를 통하여, 내가 하는 활동의 다양한 측면에 대해 그런 경험을 한 적이 있었다. 가령 은행가로서의 나의 일, 비즈니스 도보 여행, 다른 사람과 함께하는 식사와 휴식, 가난한 사람들을 돕는 일과 같은 것들 말이다. 하나님께서 모든 삶 속에 현존하시며 삶의 어떤 것을 통해서도 나를 지도하실 수 있다는 사실을 깨달을 때, 나는 새로운 영역으로 처음 들어서면서 자신감이 생긴다. 그럴 때 나는 그분을 **위해서**뿐 아니라 그분과 **함께** 하는 것임을 알게 된다.

하나님께서는 가장 일상적인 것들을 통해 자신의 도를 알려 주실 수 있다

정치 참여

여러분에게 전하고 싶은 내 삶의 마지막 측면은 **정치 참여**다. 여러분이 사회에서 최고위층에 속해 있지 않다면, 여러분은 정치적 사안에서 작은 역할을 맡을 수 있을 뿐이다. 과거에는 로마 시민들이 자신들의 통치자를 선출할 수 있었지만, 이것이 공화국의 종말과 함께 끝난 지도 어언 한 세기가 더 지났다. 심지어 지방관과 영사 직책마저 때로는 황제의 변덕에 따라 좌지우지된다. 600명에 이르는 막강한 원로원 의원들이 여전히 적극적 역할을 맡고 있지만, 오로지 귀족들만 의원이 될 수 있다.

나처럼 우리 사회의 두 번째 서열에 속한 사람들은 정치적 삶에 제한된 기여만 할 수 있을 뿐이다. 대중은 대개 자신들에게 권력이 없다는 사실에 만족한다. 그리고 우리의 통치자들은 그런 대중을 잘 먹이고 즐겁게만 해주면 자신들의 자리를 지킬 수 있으리란 걸 잘 알고 있다. 극단적 상황에서는 대중의 저항으로 황제의 영향력에 대한 도전이 시작될 수도 있겠지만, 장군으로 복무 중인 일부가 포함된 원로원 의원들이 변화를 꾀할 때에만 실질

> 원로원 의원들이 꾀할 때에만 실질적 변화가 일어날 수 있다

적 변화가 일어날 수 있다.

지위가 어떠하든, 국가 종교에 따르지 않는 우리 같은 사람들은 그저 숨죽이고 있어야 한다. 특히 네로가 그리스도인들에게 그런 끔찍한 짓을 벌였기 때문에, 무엇이든 그에 맞서는 공적 저항을 지원한다는 건 현명치 못한 처신일 것이다. 또한 베드로와 바울 같은 우리 운동의 핵심 지도자들은 우리에게 권위자들을 존중하라고 가르치기도 했다. 자기 궁궐을 확장하고 장식하는 데 과도하게 집착하고, 예측 불가에 신경증적 결정을 내리고, 배우와 시인과 음악가처럼 허름한 행색으로 대중에게 나타나는 등 이 모든 행위를 통해 황제는 자신의 권위를 스스로 약화시켰다. 또한 자신의 오랜 고문인 세네카를 해고함은 물론, 최근에는 가장 인기 있는 장군인 코르불로마저 해고하고 둘 다 자살하도록 압박을 가함으로써 그의 판단력은 의심을 사게 되었다. 그리고 얼마 전에는 그에게 맞서는 심각한 반란이 지방 곳곳에서 늘어나고 있다. 아르메니아의 총독이자 장군인 빈덱스가 네로에게 반란을 일으키며, 스페인에서 자신처럼 총독으로 있는 갈바에게 네로를 타도하자고 부추겼다. 만일 갈바가 황제에 맞서는 이 반란에 합류하기로 작정한다면, 사태는 아주 폭발적일 수 있을 것이다. 네로는 이 소식을 접하고 당황했음이 분명하다. 네로가 자신에게 맞서는 어떤 움직임에도 역공을 가할 필사적 계획에 착수하고 있다는 소문이 돌았다.

나는 이러한 사태 전환의 여파로 어떤 결과가 초래될지 그 함의를 생각할 때 매우 걱정스러웠다. 그래서 이러한 소문이 사실을 기반으로 한 것인지 확인하기 위해 공무원으로 일하는 동료 그리스도인 한 명과 만나기로 했다. 로마는 황금기에도 유언비어가 난무한 곳이다. 이럴 땐 언제나 믿을 만한 사람과 소문의 진상을 확인하는 게 상책이다. 가까운 선술집에서 아리스도불로를 만났을 때, 그는 그것이 근거 있는 소문임을 확인해 주었다.

"가장 좋은 때에도 네로가 얼마나 불안한지 잘 알잖아요. 궁지에 몰리면 곧바로 과잉 반응을 보이는 경향이 있고요." 아리스도불로가 말했다.

내가 물었다. "네로는 과연 누가 음모를 꾸민다고 생각할까요?"

"자신의 친척을 사찰하는 것으로 시작했는데, 정권이 전복되면 그들 가운데 누가 자신을 대신하려는 열망을 갖고 있는지를 캐내려는 거죠."

"그런 다음은요…?"

"자신이 손수 뽑은 수행원들 가운데 황제에게 변고가 생기면 이익을 챙길 자가 누구일지 색출할 거예요. 율리우스 빈덱스가 돌변하는 바람에 개인적으로 누군가를 고위직에 앉히는 게 그들의 계속적 지지를 보장하지 않는다는 점을 깊이 깨달았을 겁니다."

"로마에는 그런 역사가 아주 길죠. 작가들 가운데 하나가 이런 말을 했어요. '정치에는 영원한 동맹은 없고 동맹의 변화가 있을 뿐이다.'"

"바로 그겁니다!"

"또 어디를 주시하고 있나요?"

"원로원에 대해 우려하고 있어요. 원로원은 약간의 권력을 갖고 있긴 하지만, 의원들 가운데는 네로의 통치에 반대하는 사람들이 많아졌고, 일부는 확고한 대적이죠."

"하지만 원로원은 독립기구인데, 그가 어떻게 원로원에 맞설 수 있겠어요?"

아리스도불로가 어깨를 으쓱하며 말했다. "저도 모를 일이지만, 그가 사석에서 원로원을 폐쇄할 거라고 말했다는 소문이 들리네요!"

"그런 말은 듣지 못했는걸요." 내가 말했다. "하지만 네로가 발끈할 때 언제 제지당한 적이 있던가요?"

아리스도불로가 말을 덧붙였다. "저는 그가 이런 말을

했다는 것도 들었어요. '로마에 불을 지르고 다른 놈들에게 책임을 돌린 게 내게 도움이 되었지.' 네로가 또 그와 같은 짓을 저지른 후 반란 지지자들에게 책임을 돌려, 군중은 물론 지방에 있는 시민과 사령관들마저 그들에게 등 돌리게 유도할 수 있거든요."

"만일 그가 그런 전략을 택한다면, 우리 그리스도인들은 다시금 '화살받이'가 될 수 있겠네요?" 내가 물었다.

"그럴지도 모르죠. 또다시 우리를 고발할 근거가 있다면 말이죠."

그럴 가능성이 있어 나는 약간 심란했다. 바울과 베드로가 근시일 내에 로마를 방문할 계획임을 풍문으로 들었기 때문이다.

"왜 그게 무슨 문제라도 야기할 수 있나요?" 아리스도불로가 물었다.

"이미 바울이 체제를 전복할 가능성이 있다 하여 한번 체포된 적이 있거든요. 물론 그게 입증되지는 않았지만요. 이후로 바울은 메시지를 전파하려고 스페인으로 옮겼습니다. 하지만 그에게는 대적들이 끊이지 않습니다. 그들은 바울이 또 다른 '왕'을 전파하고 '세상을 소란하게' 한다며 고소한답니다.[16] 동방 지역을 돌아다니는 베드로 또한 그리스도인에 대해서는 '왕'으로,[17] 그리고 로마에 대해서는 무슨 암호처럼 '바빌론'으로 말합니다. 바빌론은 일반적으로 심판이 내릴 곳을 가리키는 말이죠.[18] 이 또한 국가에 대한 반대를 선동하는 것으로 오해받을 수 있습니다. 지금 바울과 베드로가 로마를 방문하는 건 여기에 있는 예수의 제자들을 부추기려는 정치적 연합 전략으로 읽힐 수 있습니다."

아리스도불로가 수긍했다. "그럴 가능성이 농후합니다. 우리는 이미 거짓 책임 전가와 징벌을 당한 적이 있으니까요."

그런 다음 우리 둘은 도시에 사는 그리스도인들을 미래에 닥칠 수 있는 박해로부터 보호할 수 있는 방안이 있을지에 대해 논의했다. 아리스도불로는 접근 가능한 몇몇 원로원 의원을 접촉하는 게 최선의 방책일 거라고 제안했다. 그리고 더 어렵고 위험하겠지만, 황궁 내에 네로에 대해 부정적인 사람들 한둘을 만날 것도 제안했다. 만일 그들과 합석할 기회를 마련할 수만 있다면, 우리는 그리스도인들이 자기들 위에 있는 권세를 전복하려는 자들이 아니라 실은 지원하는 자들이라고 변론할 수 있을 것이다. 또한 우리에게 그렇게 하라고 가르치는 문서를 보여 줄 수 있을 것이다. 동방 지역에 사는 신자들에게 건넨 "모든 사람을 존중하며…왕을 공경하십시오"라는 베드로의 권고와[19] 같은 문서가 있다. 마찬가지로, "왕들과 높은 지위에 있는 모든 사람을 위해서도 기도하십시오"라는 바울의 권고도 있다.[20] 그런가 하면 로마에 있는 신자들에게 쓴 자신의 편지에서 한 말도 있다. "다스리는 권세에 복종해야 합니다. 하나님이 세우시지 않은 권세는 없습니다…권세를 거역하는 사람은 하나님이 세우신 것을 거역하는 것이고, 그렇게 거역하는 사람은 심판을 자초할 것입니다."[21]

> 그리스도인들은 권세를 전복하려는 자들이 아니라 실은 지원하는 자들이다

과거에 나는 정치 참여에 끌린 적이 한 번도 없었다. 정치는 워낙 지뢰밭 같은 것이라, 내 동료 가운데 많은 사람들이 정치에는 아예 얼씬도 하지 않는 걸 쉽게 이해할 수 있었다. 그러나 경계심 때문에 누그러지긴 했지만, 나도 뭔가 해야 한다는 확신이 점차 커져 갔다. 정치란 오해받기 십상이고 때로는 위험한 영역임을 인식하면서, 나는 이로 인해 유니아에게도 악영향이 미치지 않을까

걱정스러웠다. 아리스도불로와 내가 우리가 하려는 일에 대해 드러내 놓고 말하지는 않을 것이므로, 우리의 동기가 의심받을 수도 있고 어떤 사람들은 거리를 두며 경계할지도 모른다.

하지만 내가 어떻게든 정부 일에 참여해야 한다는 확신이 점점 더 커졌음을 부인할 수 없다. 그리스도인을 보호할 장기 대책이 반드시 이루어져야 할 과제라는 점만큼은 분명했다. 하나님으로부터 확실한 신호를 받은 건 아니지만, 하나님께서 나를 그리로 몰아가신다는 느낌이 들었다. 이로 인해 실제 어떤 결과가 초래될지는 불확실하고 모호하지만 말이다. 이에 대해 유니아와 상의하니, 유니아는 히브리 성경에 있는 에스더를 상기시켜 주었다. 에스더는 어떤 초청이나 체험 없이도 자기 백성을 구원하는 정치 무대 한복판으로 부름받은 인물이다.

유니아가 말했다. "에스더가 자신이 이 엄청난 과제에 부적합하다고 느꼈을 때 들은 말을 기억해 봐요. 에스더의 삼촌이 한 말이죠. '왕후께서 이처럼 왕후의 자리에 오르신 것이 바로 이런 일 때문인지를 누가 압니까?'"[22]

나는 이 말씀으로부터 큰 위안과 용기를 얻었다. 특히

동료 그리스도인들 가운데 일부는 우리가 하려는 일이 바울과 베드로가 우리에게 명한 바로 그것을 거역하는 거라며 반대할 것임을 알고 있는 터라 더욱 그랬다. 이에 대한 나의 반응은 이중적이다. 첫째, 우리가 하려는 일은, 네로와 그의 진영이 국가에 대한 우리의 태도에 대해 품고 있는 그릇된 인상을 바로잡기 위한 것이다. 우리의 바람은, 우리를 반대하는 불합리한 고소가 있다면, 누군가 우리를 방어하기 위하여 담대하게 소리를 내야 한다는 것뿐이다. 둘째, 권세에 복종하라는 바울의 권고 바로 다음에 그의 또 다른 언급이 이어진다. "권세를 행사하는 사람은 여러분 각 사람에게 유익을 주려고 일하는 하나님의 일꾼입니다." 그리고 "나쁜 일을 저지를 때에는 두려워해야 합니다."[23] 물론 바울이 이 글을 쓴 것은 네로가 도시를 위하여 선한 일을 하고 신자들로 하여금 평화롭게 살도록 했을 때였다. 그러나 대화재 때 네로는 하나님을 섬기거나 선을 베풀기는 고사하고 정반대이지 않았던가! 그러므로 바울은 권세 있는 자들에 대한 맹목적 복종을 옹호하는 게 아니라 분별 있는 태도를 가지라는 것이다. 원리상으로는, 권세자들은 하나님의 대리인이며 우

> 바울은 권세 있는 자들에 대한 맹목적 복종을 옹호하는 게 아니라 분별 있는 태도를 가지라는 것이다

리는 그들을 지원해야 한다. 그러나 실제로는, 만일 통치자들이 도를 넘는다면, 우리는 그들에게 맞서야 한다.

이것이 바로 바울과 베드로가 때마다 한 일이다. 어떤 상황에 처했을 때 베드로는 자신의 행동을 다음과 같은 말로 변호했다. "사람에게 복종하는 것보다, 하나님께 복종하는 것이 마땅합니다!"[24] 또 다른 곳에서는, 총리가 바울을 체포하려고 성문을 지키게 했지만, 바울은 성벽에 난 창을 통하여 도망침으로써 체포를 모면했다.[25] 나는 아리스도불로와 내가 하는 일이 체제 전복을 도모하는 일로 오해받을 수 있음을 알고 있다. 특히 네로의 충견들에 의해서 말이다. 만일 그렇다면, 우리는 그 결과에 직면할 수밖에 없을 것이다. 예수님 자신을 포함하여 다른 사람들도 그랬던 것처럼 말이다. 바라건대, 부디 그런 일이 벌어지지 않았으면 한다. 그리고 만일 바울과 베드로가 로마에 도착한다면, 그들 역시 위험에 빠지지 않기를 바란다. 우리가 할 수 있는 일이라곤 우리 자신을 하나님의 손에 두고 그 결과를 그분께 맡기는 것뿐이다. 우리가 이 일을 하는 건 우리 자신을 위해서는 물론 우리에게 기대를 걸며 지켜보는 사람들을 위해서도 중요하다. 내가 염두에 두는 사람들에는 젊은 신자나 새로운 신자뿐 아니라 특별히 우리 자신의 자녀들도 포함된다.

대화를 마친 후 아리스도불로와 나는 우리의 계획을 실행에 옮기는 중이다. 나는 투스쿨룸에서 만난 부유한 시민 셋과 추가로 만나기로 계획했다. 그들은 모두 원로원 의원들이다. 아리스도불로는 자신의 공무 관련 인맥을 동원하여 네로 진영에 있는 신하 둘을 찾아낼 수 있었다. 그들은 네로에게 완전히 들러붙어 있지는 않았으며, 기꺼이 다른 관점을 들으려는 인물들이다. 우리는 그저 바라고 기도할 뿐이다. 필요하다면, 그리스도인의 피를 요구하는 또 다른 상황이 찾아오면 이 사람들이 우리를 위해 소리를 내주기를.

우리의 행동은 제때 이루어진 것 같다. 갈바의 군단이 반란을 지원하기로 선언했을 뿐만 아니라 이미 황제를 자칭하고 있다는 말이 이제 로마에도 이르렀으니 말이다. 갈바는 로마 진군을 준비하는 한편 다른 군단에도 합류하라고 촉구하고 있다. 그는 로마에 도착해서 네로를 직에서 제거하고 그의 자리를 차지할 계획이다. 그래서 이제 우리는 네로와 그의 군단이 무슨 일을 하려는지 지켜

우리의 행동은 제때 이루어진 것 같다

보려고 근심스레 기다리고 있다.

이제 그만 편지를 마쳐야겠다. 편지가 길어져서 미안하다. 그러나 우리 삶에서 일어나고 있는 변화에 대해 최대한 분명하게 내 생각을 전달해 주면 좋겠다는 요청이 있었다. 어제 유니아와 나는 친구 글레멘드 및 유오디아와 더불어 이에 대해 논의했다. 그들은 우리가 처음으로 그들과 함께 그들의 교회에 갔던 그날 저녁과, 그 후로 우리가 얼마나 많이 바뀌었는지를 회상했다.

우리는 아굴라의 말을 떠올렸다. "지금 두 사람이 경험하고 있는 일들은 한때 우리에게 일어난 것들과 비슷하네요. 우리 역시 우리의 신앙과 삶을 깊이 연관시킴은 물론 우리의 신앙을 우리의 말과 행동을 통해 다른 사람들과 더 많이 나누기 원한다는 사실을 깨달았습니다."

> 우리의 신앙을 말과 행동을 통해 다른 사람들과 더 많이 나누기 원한다

"브리스길라와 아굴라가 지금 무슨 일이 벌어지고 있다고 말할지 알겠죠?" 글레멘드가 물었다.

우리는 고개를 절레절레 저었다.

"브리스길라와 아굴라는 자신들의 신앙 여정이 그들을 새로운 영역으로 이끌 때 바울이 자신들에게 한 말을

떠올리겠죠. '바울은 짓궂은 미소를 띠며 장막 만드는 그들의 (또한 자신의) 직업을 언급하겠죠. "알아요, 당신은 더 이상 단순히 장막 만드는 사람에 머물지 않고 '장막 만드는 사람 이상'이란 걸!'"

"아굴라가 이런 말도 했죠." 유오디아가 말했다. "'당신이 시작하려는 일을 통해 예수님의 선교에 더 참여하고 있는 것입니다. 당신의 일을 통해 예수님의 삶과 메시지를 그대로 반영할 뿐만 아니라 그러는 중에 시간을 떼어 그분의 메시지를 전파하면서 말입니다.'"

우리는 또 아굴라의 말을 떠올렸다. "그때는 몰랐지요. 시간이 더 지나면 바울이 우리를 자신의 선교에 동참하라고 초대하려는 것을요. 우리는 여전히 장막 만드는 일을 계속하려고 합니다. 수감되거나 전적으로 후원이 필요한 상황 말고는 바울 역시 대개 일을 한 것처럼 말이죠. 그건 우리 삶에서 아주 특별한 때였죠."

집으로 돌아오는 길에 유니아와 나는 그날 저녁에 있었던 일이 어떻게 지금 우리 삶에서 일어나고 있는 일들을 더 잘 이해하도록 도왔는지 대화를 나누었다. 아내는 내가 미션을 수행중인 사람과 같아지고 있다는, 일찍이 자신이 한 말을 떠올리며 말했다.

> **우리 자신의 선교가 아니라 하나님의 선교다**
>
> "그건 **우리 자신의 선교**(*a* mission)가 아니라 **하나님의 선교**(*the* mission)죠! 당신은 실제로 예수님의 선교에 참여하고 있는 셈이죠."

우리는 또한 우리를 가정에서 모이는 교회에 처음으로 초대했던 친구들의 말을 떠올렸다. 그러면서 우리가 알게 된 한 부부도 같은 방식으로 초대할 때가 아닐까 하는 마음이 들었다. 그날 저녁 식사 자리에 가는 식으로 우리의 신앙 여정이 시작되었으니, 그들도 마찬가지일 것이다!

그날 저녁 내게 떠오른 생각이 하나 더 있다. 우리 둘이 막 잠이 들려는 때였다. 만일 바울과 베드로가 로마에 도착했을 때 그들에게 최악의 사태가 발생한다면, 제국 전역에 있는 교회들을 돌보고 여러 도시들로 뻗어나가는 일은 누가 계속할 것인가?

모든 게 가로막힌 상황에서 하나님께서 우리에게 맡기신 모든 것에 대해 우리의 선생 바울이 준 말씀을 남긴다.

1세기 그리스도인의 선교 이야기

"우리는 이 보물을 질그릇에 간직하고 있습니다. 이 엄청난 능력은 하나님에게서 나는 것이지, 우리에게서 나는 것이 아닙니다. 우리는 사방으로 죄어들어도 움츠러들지 않으며, 답답한 일을 당해도 낙심하지 않으며, 박해를 당해도 버림받지 않으며, 거꾸러뜨림을 당해도 망하지 않습니다.…그러므로 우리는 낙심하지 않습니다. 우리의 겉사람은 낡아가나, 우리의 속사람은 날로 새로워집니다. 지금 우리가 겪는 일시적인 가벼운 고난은, 비교할 수 없을 정도로 영원하고 크나큰 영광을 우리에게 이루어 줍니다."

다음 소식 전할 때까지 평화와 기쁨과 은혜가 여러분 모두와 함께하기를!

역사주석[27]

30-150년 뒤에 작성된 관련 문서들에 의하면, 이 사건 직후 먼저 베드로가 그 다음으로 바울이 로마에 도착했다는 증거가 있다. 그들은 결국 차례로 체포되어 사형선고를 받았지만, 이 일이 동시에 일어난 것 같지는 않다. 이러한 처결은 지방 행정관에 의해 이루어졌는데, 네로가 어떤 식으로 관여했는지는 불분명하다. 베드로는 십자가 처형을 받았을 가능성이 크고, 바울은 참수되었을 가능성이 크다.

갈바는 로마로 진군하여 황제로 환영받았다. 네로는 이를 미연에 방지하기 위하여 원로원을 해산하고 도시에 다시 불을 지를 계획이었다. 그러나 군인들이 원로원에서 자신을 체포하러 온다는 말을 듣고 이를 시행하지 못했다. 그는 가까스로 로마에서 빠져나왔지만, 더 이상의 모욕만은 면하고자 자살하기로 작정했다.

이 무렵 그리스도인들에게 광범위한 박해는 없었다. 심지어 주후 70년에 유대인 반란을 진압한 후 황제가 된 베스파시아누스 통치 기간 중에도 그랬다.

주

1 사도행전 17:21
2 마태복음 5:41
3 골로새서 4:6
4 잠언 22:1
5 마태복음 6:21
6 사도행전 21:39
7 예레미야 29:7
8 갈라디아서 6:10 (그리스어 원어의 의미)
9 마태복음 10:16
10 하박국 2:18-19
11 예레미야 10:4, 9
12 이사야 41:19; 44:20
13 로마서 14:13
14 고린도전서 9:24-27
15 디모데전서 4:7-8
16 사도행전 17:6-7

17 베드로전서 2:9
18 베드로전서 5:13
19 베드로전서 2:17
20 디모데전서 2:2
21 로마서 13:1-3 (저자 사역)
22 에스더 4:14
23 로마서 13:4
24 사도행전 5:29
25 고린도후서 11:32-33
26 고린도후서 4:7-9, 16-17
27 다음을 보라. 『클레멘트 1서』 5:5-7, 테르툴리아누스의 *Scorpiace* 15, 알렉산드리아의 클레멘스의 *Stromata* 7:17, 히폴리투스의 *Ante-Nicene Fathers* 5.255, 카시우스 디오의 『로마사』 5권.

역자 후기

1980년에 1탄 '예배 이야기'가 나온 지 꼭 40년 만에 하마터면 탄생하지 못할 뻔했던 시리즈 3권을 마감한다. 2017년 어느 봄날 정지영 주간이 '예배 이야기'를 들고 와 출간 제안을 했을 때 난 깜짝 놀랐다. 이 책에 등장하는 공동체와 엇비슷한 모임에서 이 책을 합독할 준비를 하는 중이었기 때문이다. 더욱 놀라운 건, 번역 계획을 알리려고 저자에게 20년 만에 연락하니, 저자는 저자대로 2탄 '하루 이야기'를 구상하고 있다는 거였다. 내친김에 우리의 제안과 저자의 구상이 맞아떨어져 이 책 '선교 이야기'까지 나오게 되었다. 책은 그렇게 필연보다 진한 우연이 겹쳐 태어나기도 한다.

늘 그렇듯 책 만드는 과정은 공동 작업이다. 편집장 정모세와 편집인 이혜영과 디자이너 한현아, 그리고 저자 뱅크스와의

협업이 꽤 잘 어우러졌다. '예배'야 원서를 그대로 번역하면 그만이지만, 한국에서 먼저 출판되는 '하루'와 '선교'는 저자와 협의해 가며 본문도 일부 수정하고 그림도 같이 찾아내는 작업이었으니 전형적 번역 출판은 아닌 셈이다. '선교'에 이르러 판화 작가 강연경을 만난 건 행운이었다. 때가 이르러 판화 작업으로 재탄생할 '하루'를 기대해도 좋다. 책은 그렇게 여럿이 어울려 만들어 낸다.

원제를 조금 바꾸었다. *Stepping Out In Mission Under the Caesar's Shadow*를 그대로 옮기는 대신 『1세기 그리스도인의 선교 이야기』를 제목으로 "로마 제국 어느 회심자의 선교적 일상"을 부제로 달았다. 브라이언 월쉬의 『제국과 천국』이 맘에 들어 '제국과 선교'를 제목으로 고려하였으나, 아무래도 전편들과 체제와 글자 수를 맞추는 게 낫다고 생각했다. 제목 짓기는 출판의 절반이라고 과장하곤 했는데, 책 제목은 이렇게 끙끙대다 나오기도 한다.

제목에 '선교'를 달았으나 이 책은 이른바 선교에 대한 책이 아니다. 그래서 오히려 더 제대로 선교에 대한 책이다. 본문에 선교란 말이 몇 차례 나오긴 하나, 교회에서 흔히 사용하는 선교와는 사뭇 다른 개념과 맥락에서다. 원문 "not *a* mission but *the* mission"은 "우리 자신의 선교가 아니라 하나님의 선교"로 번역했다. 선교는 전형적 선교사의 일이기에 앞서, 온 세상을 위한 하나님의 창조적이고 구속적인 사역이며, 하나님의 온 백성이 삶 전체를 통해 참여하는 것이다. 금융업자 푸블리우스의 삶은 브리스길라와 아굴라는 물론 대사도 바울의 선교적 삶과 다르지 않고, 우리의 삶과도 다르지 않다. 모든 삶의 조건과 위기는 제자도와 선교의 장이자 기회다. 아굴라와 유니아의 인정과 격려가 하나의 거룩한 안수처럼 다가온다. "당신은 당신의 일을 통해 예수님의 선교에 참여하는 셈이죠."

우리가 사는 세상엔 제국의 그늘이 깊게 드리워 있다. 제국이란 정치·경제·문화 등 외부 조건이기도 하지만, 우리의 의식 속 깊이 뿌리내린 내적 성향이자 욕망이며 동인이기도 하다. 제국은 정도와 양상은 다르나 역사와 시대 전체를 아우르는 상수라 해도 영 틀린 말은 아닐 거다. 뱅크스는 제국의 핍박을 일컬어 1세기 그리스도인이 당면한 새로운 정상이라지만, 제국이란 늘 '오래고 새로운 정상'이다. 국경마저 넘어선 극단적 양극화, 평화를 짓누르는 분단과 분단을 이용한 이익 극대화, 얄팍한 도덕을 가장한 인간 혐오와 차별, 자연계의 끝장을 보고야 말겠다는 무제한적 환경 파괴는 그야말로 제국의 오

만과 폭력이 낳은 결과다. 교회가 교회로 살아야 할 곳은 공멸의 제국에 대한 지구의 응수랄 수도 있는 팬데믹 한복판이다. 교회란 무엇이고 선교란 무엇인지를 추궁 받아야 할 자리 말이다.

출판인이 번역자로 나서는 건 일종의 반칙일 수 있지만 어쩌다 보니 이리 되었다. 이번 작업은, 35년간 IVP에서 일하며 1천 종가량의 출판물을 통해 건네고 싶었던 말을 누구에게나 '만만한' 푸블리우스의 이야기 세 편을 통해 독자들에게 전할 수 있는 뜻깊은 기회였다. 우리에겐 고도의 기독교 전문 학자와 신학도 필요하지만, 세상 속에서 거룩한 말씀에 귀 기울이며 삶으로 신학하고 신학을 유발하는 푸블리우스가 더욱 필요하다. 하나님에 대한 신학에서 하나님의 일이 나오기에 앞서 하나님의 일과 사랑에서 신학이 나온다. 우리 삶도 그렇다. 첫 직장을 떠나는 마지막 해 마지막 달에 쓰는 글이 역자 후기이자 출판인 후기가 되었다.

"예배와 일상과 선교는 나뉘지 않는 하나의 전체다!"

옮긴이 신현기는 IVP 대표로 일했다. 『기도: 하나님과의 우정』『어린이를 위한 내 마음 그리스도의 집』『크리스마스 트롤』『모든 사람을 위한 하나님 나라 신약성경』(이상 공역), 『모든 사람을 위한 로마서』『살아 있는 교회』『새로운 청년 사역이 온다』『영성의 깊은 샘』『1세기 교회 예배 이야기』『1세기 그리스도인의 하루 이야기』『사랑, 세상에서 가장 위대한』(이상 IVP), 『사회적 하나님』(청림), 『이 사람을 보라』(살림) 및 소책자와 성경 공부 교재 여럿을 번역하였다.

1세기 그리스도인의 선교 이야기

초판 발행 2020년 12월 18일
초판 4쇄 2023년 6월 15일

지은이 로버트 뱅크스
옮긴이 신현기
그린이 강연경
펴낸이 정모세

펴낸곳 한국기독학생회출판부
등록번호 제2001-000198호(1978.6.1)
주소 04031 서울시 마포구 동교로 156-10
대표 전화 (02)337-2257 팩스 (02)337-2258
영업 전화 (02)338-2282 팩스 080-915-1515
홈페이지 http://www.ivp.co.kr 이메일 ivp@ivp.co.kr
ISBN 978-89-328-1648-7
    978-89-328-1841-2(세트)

ⓒ 한국기독학생회출판부 2020

책값은 뒤표지에 있습니다.
무단 전재와 복제를 금합니다.